AF601213

SOUVENIRS HISTORIQUES

SUR

SAIGON ET SES ENVIRONS

CONFÉRENCE FAITE AU COLLÈGE DES INTERPRÈTES

PAR

M. P. TRƯƠNG VĨNH KÝ

SAIGON
IMPRIMERIE COLONIALE

1885

SOUVENIRS HISTORIQUES

SUR

SAIGON ET SES ENVIRONS

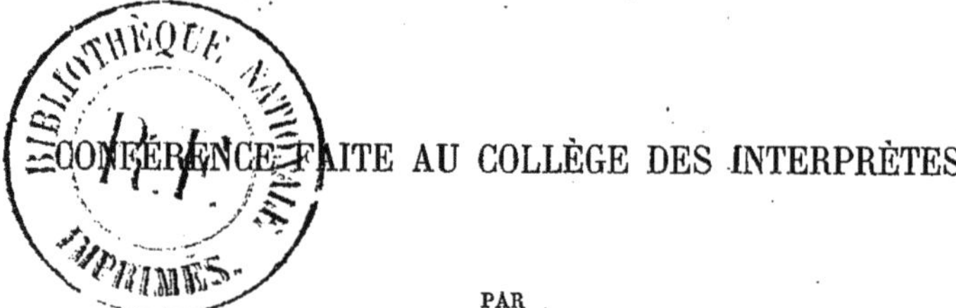

CONFÉRENCE FAITE AU COLLÈGE DES INTERPRÈTES

PAR

M. P. TRƯƠNG VĨNH KÝ

SAIGON
IMPRIMERIE COLONIALE

1885

SOUVENIRS HISTORIQUES

SUR

SAIGON ET SES ENVIRONS

CONFÉRENCE FAITE AU COLLÈGE DES INTERPRÈTES

PAR M. P. TRƯƠNG VĨNH KÝ

Messieurs,

La ville de Saigon a subi une transformation complète depuis le jour où le pavillon français a remplacé dans ce pays le pavillon jaune des Annamites. Ce changement, commencé en 1859, s'est opéré progressivement sans arrêt, et nous lui devons l'aspect agréable que présente maintenant la capitale de la Basse-Cochinchine.

Je veux aujourd'hui tracer le tableau ancien et le tableau moderne de Saigon, mettre en présence ces deux descriptions, de manière à faire ressortir de leur comparaison la différence de deux états de civilisation à deux époques séparées seulement par un quart de siècle.

On tient à conserver le souvenir d'un endroit, surtout quand il a été le théâtre de tant d'événements qui se sont succédés à de si courtes distances, en s'effaçant les uns les autres.

Les traces historiques sont les chaînons qui attachent entre elles les époques des peuples, et souvent les états disparus dans l'oubli du temps. La mémoire des faits s'affaiblit en proportion du nombre des générations qui les recouvrent. Ces révolutions continues sont une condition nécessaire à la vie des choses et des peuples ; mais leur souvenir lui-même serait altéré si l'histoire ne les consignait à temps pour en conserver le caractère.

Ce Saigon, que nous voyons avec indifférence aujourd'hui, a été témoin d'événements qui excitent peu notre curiosité parce qu'ils ne sont pas encore entrés dans le domaine de l'histoire, mais qui passionneront celle de nos successeurs. Parcourons donc l'ancien Saigon, visitons-en toutes les parties et rendons compte de nos observations sous le double rapport géographique et historique.

Qu'était Saigon autrefois? Avant et pendant le règne de Gia-long? Sous les règnes de Minh-mạng, Thiệu-trị et Tự-đức? Quel était son aspect à l'arrivée des Français?

Nom de Saigon.

Avant de décrire l'ancienne citadelle, il faut tout d'abord chercher à savoir d'où vient le nom que nous donnons aujourd'hui à notre ville.

Saigon était le nom donné à la ville chinoise actuelle. D'après l'auteur de la Description de la Basse-Cochinchine (Gia-định-thông-chí), *Sài* est emprunté au mot en caractère chinois 柴 qui veut dire *bois; gòn* est en annamite le nom de la ouate et du ouatier. Ce nom vient, dit-on, de la quantité de ces cotonniers que les Cambodgiens plantaient tout autour de leurs anciennes fortifications en terre, dont les traces restent encore sur la pagode de Cây-mai et aux environs.

A nous, il nous paraît que ce nom ne peut être que celui que les Cambodgiens donnaient à ce pays et qui a été appliqué plus tard à la ville. Je n'ai pu arriver encore à en retrouver l'origine véritable.

La ville de Saigon a été appelée ainsi par les Français qui ont trouvé ce nom dans les cartes géographiques européennes, où l'on désignait la ville sous cette dénomination générale mais vulgaire autrefois donnée à toute l'étendue de la province de Gia-định.

Saigon avant Gia-long.

Saigon avant Gia-long n'était, à ce qu'il paraît, qu'un simple village cambodgien. Il avait été cependant, en 1680, pendant un certain temps, la résidence du second roi du Cambodge.

D'après l'histoire, ce pays a été envahi pacifiquement par des Annamites, sous l'impulsion du gouvernement de Huê, en 1658, pendant le règne de Nguyễn-hiền-vương, seigneur du sud.

Après avoir conquis le territoire du Ciampa (Chiêm-thành) en refoulant les anciens habitants, les Annamites se trouvaient voisins des Cambodgiens (peuple khmêr), dont l'esprit avait subi l'influence des succès remportés par les Annamites (con vua trời « enfants du roi céleste »). La colonisation prit aussitôt un essor beaucoup plus grand, à l'occasion de l'établissement des Chinois partisans des Minh, établissement autorisé et encouragé par la cour de Huê. En 1680, deux officiers supérieurs des troupes chinoises des Minh, préférant servir les Annamites que de se soumettre aux Thanh, tartares mandchoux, nouveaux conquérants de la Chine, vinrent sur 60 jonques à Tourane, suivis de 3,000 soldats, dans le dessein de s'y établir. Ils adressèrent une demande dans ce but au seigneur de Huê. Le roi d'Annam, après leur avoir offert un banquet, leur donna une lettre pour le roi du Cambodge et demanda pour eux l'autorisation de se fixer en Cochinchine pour y exploiter d'immenses terrains incultes. Arrivés au Đồng-nai, ils se partagèrent en deux groupes, dont l'un se dirigea vers Đồng-nai (Biên-hoà), l'autre vers Mỹ-tho.

Les deux rois du Cambodge résidaient : l'un, le premier roi, à Gò-bích ; l'autre, le deuxième roi, à Saigon. Ce dernier, se voyant menacé, d'un côté par les Chinois de Mỹ-tho et de l'autre par ceux de Biên-hoà, écrivit au roi de Huê pour le prévenir des intrigues de ses protégés.

Le roi de Huê se constitua l'arbitre de leurs différends et s'entremit pour les régler. Il envoya à cet effet le général Vạn en expédition contre les Chinois et contre le roi de Gò-bích, qui se retranchait derrière des forts, barricadait le fleuve Mékong avec des chaînes de fer et entravait ainsi le commerce des Annamites.

Après avoir défait les Chinois de Mỹ-tho, ce général se porta en avant à Gò-bích. Le premier roi, Néăc-ông-thu se retira alors à *Au-đông* et conclut enfin un traité avec le général annamite, qui évacua le Cambodge et revint à *Bến-nghé* (Saigon).

Un an après (1684) *Néăc-ông-thu* fut infidèle à l'exécution du traité. *Nguyễn-anh-tông* (roi de Huê) envoya *Nguyễn-hữu-hào* lui déclarer la guerre. Le roi du Cambodge fut fait prisonnier et, à peine arrivé à Saigon, fut enlevé par la maladie. Le deuxième roi, résidant alors à Saigon, se donna la mort.

Son fils Néăc-ông-yệm fut mis sur le trône et installé à Gò-bích par les Annamites.

L'intervention de la cour de Huê amena une immigration de colons annamites qui, encouragés par le gouvernement, occupèrent peu à peu le pays, ce qui permit un jour, en 1699, à *Nguyễn-hiền-vương*, successeur de *Nguyễn-anh-tông*, de faire établir des préfectures, des sous-préfectures, des cantons et des villages et de créer, pour ce pays, une administration semblable à celle du reste du royaume d'Annam. Tout d'abord Biên-hoà et Gia-định se constituèrent en un *phủ*, subdivisé en deux *huyện*. De là vient l'appellation de *người hai huyện*, des habitants de Biên-hoà et de Gia-định.

Les Tây-sơn (montagnards de l'ouest), Nhạc, Lữ et Huệ se révoltèrent en 1772 contre Huê; les Trịnh (*Trịnh-sum*) vinrent attaquer en même temps la ville de Huê. Le seigneur Nguyễn-duệ-tông et ses neveux Mục-vương et Nguyễn-anh (plus tard Gia-long) se réfugièrent, en 1774, à Gia-định (Đồng-nai), Saigon.

Pendant quinze ans, Gia-long fut poursuivi et traqué par les Tây-sơn. Il revenait de temps en temps à Saigon, mais y séjourna peu et fut délogé par ses ennemis qui, de Qui-nhơn, revenaient constamment à la charge.

Saigon sous Gia-long.

Ce fut en 1789 que Gia-long, après avoir repris Saigon, occupé jusqu'alors par les Tây-sơn, fit construire la première citadelle, dont nous allons indiquer l'emplacement et les traces, sur le territoire de notre Saigon d'aujourd'hui. En 1788, M. Pigneaux de Behaine, évêque d'Adran, vicaire apostolique en Cochinchine, qui avait amené avec lui le prince *Cảnh*, fils de Gia-long, en France, afin de demander du secours, revint à Saigon avec des officiers français. Gia-long avait déjà repris Saigon et s'y était établi.

Construction de l'ancienne citadelle de Saigon.

L'année suivante, Gia-long fit construire sous la direction de M. Ollivier, officier du génie, l'ancienne citadelle de Saigon.

Elle avait presque la forme octogone (plan imposé par Gia-long) avec huit portes suivant les *Bát-quái* (huit casiers de divination chinoise) représentant les quatre points cardinaux avec leurs subdivisions.

La citadelle, ainsi que ses fossés et ses ponts, était en grosses pierres de Biên-hoà. La hauteur du mur était de quinze coudées annamites (5 mèt. 20 cent.).

Le centre, où se dressait le mât de pavillon, se trouve à peu près à la cathédrale actuelle. On y apercevait de très loin la cime d'un filao. Elle s'étendait : du sud au nord, de la rue Mac-Mahon jusqu'au mur de la citadelle détruite et réparée après en terre par les Français; et, de l'est à l'ouest, de la rue d'Espagne à la rue des Moïs.

A l'est, s'ouvraient les deux portes antérieures (cửa tiền). L'une qui s'appellait *Gia-định-môn,* regardait le square et le canal du marché de Saigon; l'autre, *Phan-yên-môn,* se trouvait du côté de l'artillerie, sur une rue descendant le long du canal de *Kinh-cây-cám.*

La partie postérieure, à l'ouest, avait également deux portes *Vọng-khuyết-môn* et *Cọng-thìn-môn,* dans la direction du deuxième et du troisième pont de l'Avalanche *(Cầu-bông* et *Cầu-xóm-kiệu).*

La partie gauche au nord donnait, avec deux portes, *Hoài-lai-môn, Phục-viễn-môn,* sur l'arroyo de l'Avalanche (premier pont).

Le côté droit de la citadelle, avec les portes *Định-biên-môn* et *Tuyên-hoá-môn,* se trouve dans la rue Mac-Mahon; elles donnaient: l'une sur la route stratégique, l'autre sur la route haute de Chợ-lớn.

Elle fut occupée par Gia-long pendant vingt-deux ans, pendant lesquels il allait tous les ans en expédition contre les Tây-sơn, dans les saisons où la mousson était favorable.

Comme les funérailles de Mgr d'Adran eurent lieu à Saigon à cette époque, nous ferons un instant une digression pour assister à cette cérémonie à laquelle la religion et le trône prêtèrent leur concours imposant.

Mgr d'Adran, depuis son retour de France, résidait à Saigon, dans une demeure que Gia-long lui avait fait construire au coin extérieur de la citadelle, au point où est maintenant la poudrière, appelée *Dinh-tân-xá*. La chrétienté de Thị-nghè avait son église tout près de là, sur le bord de l'Avalanche, et faisait partie de la paroisse de Tân-sơn où se trouve le tombeau de l'évêque. Monseigneur y avait fait construire une maison de campagne, où il allait de temps en temps se délasser en compagnie du prince Cảnh, son élève.

Le prince Cảnh fut envoyé au siège de Qui-nhơn. L'évêque, sur les instances de Gia-long, l'avait accompagné pour lui servir de mentor. Mais, après trente-trois ans d'une vie très agitée et très laborieuse, il fut attaqué par une dysenterie aiguë, aggravée en outre, à ce moment, par des peines morales.

Gia-long, poussé par une véritable affection pour le prélat, qui lui rendait d'éminents services, envoya ses meilleurs médecins et employa tous les moyens possibles pour lui conserver la vie. Le prince Cảnh venait tous les jours visiter son maître, et Gia-long lui-même vint plusieurs fois voir son bienfaiteur, malgré les préoccupations du siège de Qui-nhơn, auxquelles il s'arrachait par un sentiment de reconnaissance. Le 9 septembre 1799, l'évêque mourut entre les bras de M. Lelabousse, missionnaire qui l'accompagnait; il était âgé de 58 ans. Gia-long, ayant reçu la triste nouvelle de la mort de son illustre hôte, envoya un magnifique cercueil et de la soie pour envelopper le corps. Le 10, on l'embarqua sur un des vaisseaux du roi pour le ramener à Saigon où il devait être enterré.

Arrivé le 16 à Saigon, il fut déposé dans la maison épiscopale où il resta exposé pendant deux mois.

Le prince Cảnh, qui avait accompagné le corps de son précepteur, se considérait en qualité de disciple, comme fils aîné du prélat son maître, dont il portait le grand deuil. Il avait fait construire une maison provisoire devant l'hôtel de l'évêque. Il restait là jour et nuit et y recevait les nombreux mandarins qui venaient de tous les points du royaume rendre à l'illustre défunt les honneurs funèbres.

Gia-long attendu était enfin revenu de Qui-nhơn. Pour témoigner sa reconnaissance envers le prélat, il voulut présider lui-même à la cérémonie des obsèques. Les funérailles devaient avoir lieu le 16 décembre à Tân-sơn, distant d'environ 5 kilomètres de Saigon.

Le prince *Cảnh* était chargé de diriger le cortège qui se mit en marche vers les deux heures après minuit.

Une grande croix, formée avec des fanaux artistement disposés, était à la tête du convoi, suivie de six niches sculptées en relief et à jour, et dorées sur un fond rouge. Elles étaient posées sur des tables ornées et portées chacune par quatre hommes.

Dans la première, quatre caractères d'or, 皇天主宰, Hoàng thiên Chúa tể (au souverain Seigneur du ciel); dans la deuxième l'image de saint Paul et dans la troisième celle de saint Pierre, patron de Mgr d'Adran. La quatrième renfermait celle de l'ange gardien; la cinquième, celle de la très sainte Vierge. Venait ensuite un grand étendard de damas, d'environ quinze pieds de long, sur lequel étaient brodés en caractères d'or les titres conférés à Mgr d'Adran par les rois de France et de Cochinchine, ainsi que ceux de sa dignité épiscopale. Un brancard portant la sixième niche dans laquelle on remarquait les insignes du prélat, la crosse et la mitre, marchait immédiatement devant le corbillard. Ces brancards et ces niches étaient accompagnés par une nombreuse jeunesse chrétienne et par les catéchistes de chaque église de la Cochinchine.

Le cercueil de l'évêque était couvert d'un damas superbe, enchâssé dans un cadre à deux divisions superposées contenant chacune vingt-cinq gros cierges allumés. Un beau brancard d'environ vingt pieds de long, porté par quatre-vingts hommes choisis, couvert d'un baldaquin brodé d'or supportait le magnifique cercueil.

La garde du roi, composée de plus de douze mille hommes, sans compter celle du prince, son fils, était sous les armes, rangée sur deux lignes, les canons de campagne en tête. Cent vingt éléphants armés en guerre avec leur escorte et leurs cornacs marchaient des deux côtés. Tambours, trompettes, musique militaire annamite et cambodgienne accompagnaient cette marche lugubre qui était éclairée par un nombre prodigieux de cierges et de flambeaux avec plus de deux mille fanaux de différentes formes. Quarante mille hommes au moins, tant chrétiens que païens, suivaient le convoi.

Gia-long y assistait avec sa mère, sa sœur, la reine, ses enfants, toutes les dames de la cour et les mandarins des différents corps sans exception. Tous voulurent témoigner leur regret de l'éminent et vertueux prélat qui n'était plus, en suivant ses restes mortels jusqu'au tombeau préparé pour les recevoir.

Arrivé à la fosse, le roi laissa à M. Liot, missionnaire, le temps nécessaire pour accomplir les cérémonies de la liturgie catholique.

La cérémonie de la sépulture chrétienne achevée, Gia-long, s'avançant d'un pas grave, d'un accent empreint d'une vive douleur et les yeux mouillés de larmes, prononça un éloge funèbre qu'il avait, dit-on, composé lui-même et qui a été ensuite transcrit sur la soie brodée et donné à l'évêque en forme de diplôme posthume conférant les titres royaux. Il se trouve aujourd'hui à l'évêché de Saigon encadré et exposé dans le salon.

« Je possédais un sage, l'intime confident de mes plus secrètes pensées, qui, malgré la distance de milliers de lieues, était venu dans mes États et ne me quitta jamais, lors même que la fortune me fuyait. Pourquoi faut-il, aujourd'hui que celle-ci est revenue sous mes drapeaux, au moment où nous sommes le plus unis, qu'une mort prématurée et intempestive vienne nous séparer à jamais? Je parle de Pierre Pigneaux, évêque d'Adran, ayant toujours présent à l'esprit le souvenir de ses vertus, je veux lui donner un nouveau témoignage de ma gratitude. Je le dois à ses rares mérites. Si, en Europe, il passait pour un homme de talent supérieur, ici on le regardait comme le plus illustre étranger qui ait paru à la cour de Cochinchine. Dès ma plus tendre jeunesse, j'eus le bonheur de rencontrer ce précieux ami, dont le caractère cadrait si bien avec le mien. Quand je fis les premières démarches pour monter sur le trône de mes ancêtres, je l'avais à mes côtés. C'était pour moi un riche trésor, où je pouvais puiser tous les conseils dont j'avais besoin pour me diriger. Mais, tout-à-coup, mille malheurs vinrent fondre sur le royanme, et mes pieds devinrent aussi chancelants que ceux de Thiêu-khang de la dynastie des Hạ, alors il nous fallut prendre un parti qui nous sépara loin comme du ciel à la terre. Mais, vous, cher maître, vous avez embrassé notre cause d'une main ferme et fidèle, à l'exemple des quatre vieillards sages Hạo qui avaient réintégré dans son droit le prince héritier de l'empereur Hán-cao-tổ! Je vous confiai le prince héritier, quand vous acceptâtes la mission d'aller intéresser en ma faveur le grand Monarque qui régnait dans votre patrie. Vous avez réussi à m'obtenir des secours. Ils étaient déjà rendus à moitié chemin, lorsque vos projets rencontrèrent des obstacles qui les empêchèrent d'aboutir. Malgré cela, vous avez bien voulu revenir à côté de moi, regardant mes ennemis comme les vôtres, pour chercher l'occasion et les moyens de les combattre. En 1788, quand mon drapeau avait reparu à Saigon, j'attendais avec impatience quelques heureux bruits qui m'annonçassent votre retour de France. Et en 1790, votre bateau vint flotter de nouveau sur les eaux de Cochinchine. A la manière habile et pleine de douceur avec laquelle vous formiez le prince, mon fils, que vous avez ramené, on voyait que le Ciel vous avait singulièrement doué pour l'enseignement et la direction de la jeunesse. Mon estime et mon affection pour vous croissaient de jour en jour. Dans les temps difficiles, vous nous fournissiez des moyens que vous seul pouviez trouver. La sagesse de vos conseils et la vertu qui brillait jusque dans l'enjouement de votre conversation nous rapprochaient de plus en plus; nous étions si amis et si familiers ensemble que lorsque mes affaires m'appelaient hors de mon palais, nos chevaux marchaient de front. Nous n'avons eu jamais qu'un même cœur. Depuis le jour où, par le plus heureux des hasards, nous nous sommes rencontrés, rien n'a pu altérer notre amitié, notre dévouement réciproque et la confiance sans limite qui marquait nos relations. Je comptais que cette santé florissante me ferait goûter encore longtemps les doux fruits d'une si étroite union! Mais voilà que la poussière vient de couvrir ce bel arbre! Quels amers regrets!

« Pour manifester à tout le monde les grands mérites de cet illustre étranger et répandre au dehors la bonne odeur des vertus qu'il cacha toujours sous sa modestie, je lui délivre ce brevet de *précepteur du prince héritier,* lui confère la dignité et le titre de quận-công et lui donne le nom d'*accompli* (Trung-y). Hélas ! quand le corps succombe et que l'âme reprend son essor vers le ciel, qui pourrait la retenir enchaînée ? Je finis ce court éloge, mais mes regrets ne finiront jamais. O belle âme du maître ! recevez cet hommage ! »

Après ce discours funèbre, le clergé et les chrétiens se retirèrent, et le roi, seul avec les mandarins, offrit les sacrifices qu'on a coutume de faire aux mânes des défunts ; après le roi, le prince Cảnh et les ministres prononcèrent chacun un éloge funèbre.

Le roi fit élever un riche mausolée pour recouvrir les restes de l'hôte fidèle dont il reconnaissait les éminents services, et lui affecta à perpétuité une garde d'honneur de cinquante hommes. Ce tombeau a traversé les persécutions, protégé par le souvenir du grand-père (cha cả, comme l'appellent les Annamites) et par cette religion de la mort, qui est une des vertus du peuple annamite.

Après l'occupation du pays, la France a voulu que la tombe du plus dévoué de ses enfants dans l'Extrême-Orient fut élevée à la dignité de monument national.

Enfin en 1811, Gia-long fixa sa résidence à Huê et fut maître de tout l'Annam, depuis le Tonkin jusqu'en Cochinchine. Ce fut Lê-văn-duyệt, le fameux vainqueur du port de Thị-nại (Bình-định) qui fut nommé gouverneur général de la Basse-Cochinchine. Il résidait à Saigon. Sa résidence officielle se trouvait derrière le Hoàng-cung (pagode royale), aujourd'hui boulevard Norodom, à peu près au point où est situé l'évêché. Celle de sa femme était au palais du Gouvernement en dehors du rempart et du mur de la citadelle.

Traversons maintenant le règne de ce grand eunuque qui habitait cet ancien Saigon, et suivons-le jusqu'après sa mort. Lê-văn-duyệt, appelé alors *Ông-lớn-thượng,* gouverna pacifiquement ce pays sous Gia-long et sous la première partie du règne de Minh-mạng, bien que de temps en temps il fit des expéditions contre les Cambodgiens qui se révoltaient. Il fut la terreur des Cambodgiens ; bon, juste, ferme et même inflexible administrateur des Annamites. Il était plénipotentiaire, muni de pouvoirs extraordinaires, inviolable gouverneur, exempt de la mort ; il avait droit de condamner à la peine capitale et de faire exécuter la sentence sans recourir préalablement à la confirmation du ministère de la justice. Il n'était tenu qu'à un simple rapport après que l'exécution était accomplie. Il put arriver, grâce à ce pouvoir, à pacifier complètement le pays.

Sans entrer dans les détails de sa vie privée ou publique, parcourons un instant sa carrière administrative.

Comme il aimait beaucoup le combat, il fit instituer une espèce d'amphithéâtre pour y faire battre des hommes avec des tigres ou des éléphants. Il se passionnait aussi pour les combats de coqs et pour le théâtre. Ces divertissements occupaient ses loisirs.

Tous les ans, peu après le *tết*, il faisait passer la revue des troupes des six provinces à Saigon, dans la plaine des tombeaux (đồn tập trận) ou polygone d'aujourd'hui. Cette revue était envisagée sous le double rapport politique et religieux ou plutôt superstitieux. Elle avait pour but de montrer avec ostentation qu'on était prêt à réprimer tous les désordres et en même temps de chasser les esprits malfaisants. Voici comment cette cérémonie de Ra-binh se faisait :

A la veille du seizième jour du premier mois du nouvel an, le gouverneur, après jeûne et abstinence, en grande tenue, allait rendre hommage au souverain dans son temple, puis, après trois coups de canon, montait sur un brancard *(sedes gestatoria)* précédé et suivi des troupes. Il sortait ainsi en procession, soit par la porte de *Gia-định-môn*, soit par celle de *Phan-yên-môn ;* se dirigeait du côté de *Chợ-vải* et remontait la rue *Mac-Mahon* pour se rendre aux buttes, *mô-súng*.

Là, on tirait des coups de canon, on faisait manœuvrer les troupes, on exerçait les éléphants. Le gouverneur faisait ensuite le tour derrière la citadelle et allait aux constructions navales (xưởng ou thủy, flotte ou marine), assistait à un simulacre de combat naval et rentrait dans la citadelle. Pendant cette procession les habitants faisaient du bruit chez eux, en faisant partir des pétards pour chasser les mauvais génies qui peuvent hanter les maisons. Au second *tết,* c'est-à-dire au cinquième mois, le gouverneur se rendait au *tịch-điền* (endroit où le souverain, ou son délégué, va donner au peuple l'exemple du travail en travaillant lui-même). L'emplacement qui était réservé à cette cérémonie se trouve à peu près en face de l'hôpital des sœurs de la Sainte-Enfance, à *Thị-nghè.*

Saigon pendant le règne de Minh-mang.

Arrivons maintenant au règne de Minh-mạng. Le gouverneur général s'était rendu à Huế à l'occasion de l'avènement au trône de Minh-mạng. Nguyễn-văn-thiêng, son compagnon d'armes, était gouverneur général du Tonkin. Minh-mạng, après s'être débarrassé de ses rivaux légitimes (voir l'*Histoire annamite*), songea à la perte des deux glorieux vétérans, dont l'action prépondérante le gênait dans l'accomplissement de ses desseins : le maréchal du centre Nguyễn-văn-thiêng, alors vice-roi du Tonkin, et le grand eunuque Lê-văn-duyệt qui estimait les Français, et dont la présence à Huế nuisait à la liberté de ses combinaisons.

Le roi se proposa de les convaincre de rébellion, afin de pouvoir les faire disparaître. Pour y arriver, il gagna leurs secrétaires et leurs gardes des sceaux. On commença par le vice-roi du Tonkin; un stipendié s'appliqua à imiter l'écriture du maréchal et celle de son fils. Une lettre, une fausse lettre soi-disant interceptée, fut portée à Minh-mạng. Elle faisait un appel général aux armes contre le roi, l'écriture imitait celle du fils du vice-roi du Tonkin, et la lettre portait le sceau du vice-roi Thiêng lui-même. Minh-mạng fit rappeler immédiatement Thiêng du Tonkin. La preuve était éclatante ; Thiêng et son fils reçurent l'ordre de se donner la mort. Cette faveur, appelée *tam ban triều điền,* consiste à envoyer aux condamnés privilégiés trois engins de destruction : 1° trois mètres de soie rose pour se pendre ou s'étrangler ; 2° un verre de poison à boire ; 3° un sabre pour se couper la gorge.

Lê-văn-duyệt, voyant son vieil ami condamné sous ses yeux, victime de la duplicité du roi, devina la machination à laquelle il devait succomber. Par un pressentiment vraiment providentiel, il quitta le palais pour aller voir chez lui si son sceau était encore à sa place habituelle. Ne l'y trouvant pas il fit rechercher sans délai son garde-sceau, qu'on trouva comme étourdi, au bord d'un puits. En le fouillant on trouva sur lui le cachet perdu et une fausse lettre non encore timbrée. Il fut décapité sur l'heure par ordre du maréchal! Il alla ensuite trouver Minh-mạng, lui dit que la Basse-Cochinchine était victime d'exactions de chefs de bandes et que sa présence sur les lieux mettrait un terme à ces désordres qui menaçaient de s'aggraver. Minh-mạng n'osant pas le retenir, et heureux d'ailleurs de cet éloignement volontaire, le laissa partir. Lê-văn-duyệt revint donc à Saigon comme vice-roi ; il arriva à propos pour réprimer une insurrection des Cambodgiens de Trà-vinh (1822), et il resta en Basse-Cochinchine jusqu'en 1831, année de sa mort. Il était très redouté de Minh-mạng qui n'osa cependant rien entreprendre contre ce loyal et brave-soldat, mandataire de son père, son propre tuteur et précepteur. La grandeur de ses services l'avait rendu à peu près inviolable.

Après sa mort, Minh-mạng, qui lui avait gardé une profonde rancune et qui n'avait jamais osé rien entreprendre contre lui de son vivant, se vengea bassement. Il fit profaner son tombeau en y mettant une chaîne et en appliquant sur le tumulus cent coups de *trượng;* cette vile, honteuse et misérable vengeance fut la seule qu'il put tirer d'un illustre serviteur, qui, à côté de Gia-long, de *Thiêng,* de *Võ-tánh,* des officiers français et de tant de vaillants compagnons, avait anéanti les Tây-sơn et refait le royaume d'Annam. Ce tombeau fut restauré par Thiệu-trị, successeur et fils de Minh-mạng. On peut le voir aujourd'hui réparé et entretenu par les soins de l'Administration française, en face de l'inspection de Saigon.

Quand Duyệt fut mort, le bô-chánh de Saigon, Bạch-xuân-nguyên, pour plaire à Minh-mạng, attaqua sa mémoire et accusa dans son rapport d'enquête le vice-roi d'avoir voulu essayer de se rendre indépendant et particulièrement de s'être concerté avec Nguyễn-văn-khôi (phó-vệ-úy) pour faire exploiter les forêts...

Nguyễn-văn-khôi fut dégradé et sommé de se rendre à Huế pour donner des explications. Au lieu d'obéir il se révolta avec les principaux officiers du vice-roi Lê-văn-duyệt.

La nuit, les prisonniers furent délivrés, et suivirent tous Nguyễn-văn-khôi, qui alla couper la tête du Tổng-đốc et celle du bố-chánh Bạch-xuân-nguyên son accusateur, dont la délation avait été complimentée.

La ville de Saigon tomba dans les mains de Khôi. Le lendemain, des proclamations furent affichées : Mỹ-tho et les provinces de l'ouest d'une part, Biên-hoà, Bà-rịa et Mô-xoài de l'autre, se soumirent au chef des insurgés. La Basse-Cochinchine était toute à eux. A la nouvelle de cette insurrection, Minh-mạng envoya des troupes par terre et par mer... Elles arrivèrent à peu près en même temps : les premières au point A, au lieu dit *Đồng-cháy* (champ brûlé), et les secondes dans la rivière de Saigon, par le travers de *Giồng-ông-tố !* La rivière était barrée par des chaînes de fer, entre le fort du Sud et le fort situé sur la rive opposée. L'attaque commença le 6 du septième mois pendant la nuit, le passage fut forcé, et au jour, les troupes de Khôi se retirèrent dans la citadelle. La flotte de Minh-mạng mouilla dans la rivière de Saigon et dans l'arroyo de l'Avalanche. Les troupes de terre vinrent camper en face de la citadelle. Les assiégeants firent élever d'espace en espace des fortins en terre plus élevés que le mur de la citadelle. Mais la prise de Saigon fut retardée par l'intervention des Siamois qui, sollicités par Nguyễn-văn-khôi, parurent du côté de *Hà-tiên* et *Châu-đốc,* et firent fuir le roi du Cambodge à *Vĩnh-long*. Les Siamois répoussés gagnèrent Siam en battant en retraite par Gò-sặt (Pursat) et se retirèrent sur Battambang.

Pour surveiller Siam et maintenir en même temps le Cambodge, Trương-minh-giản, major-général annamite, fit construire une citadelle appelée An man à Pnom-Penh et s'y installa (1834). Les Siamois partis, les cinq provinces tombèrent rapidement au pouvoir des officiers de Minh-mạng. Mais Saigon, assiégé depuis un an environ, tenait toujours.

Le premier assaut fut donné au quatrième mois de 1834 pendant huit heures et sans succès : les assaillants furent battus. La citadelle ne fut définitivement enlevée qu'après des assauts répétés (le 6 du septième mois). La victoire avait coûté cher. *Væ victis!* Le jour de la victoire fut aussi celui du carnage, on ne pourrait compter ceux qui furent passés immédiatement par les armes!

Le fils de Khôi, un missionnaire français, M. Marchand, retenu au millieu des assiégés, et les mandarins rebelles faits prisonniers, furent tous mis en cage et conduits à Huê où ils périrent par la mort lente; 1,137 hommes furent exécutés dans la plaine des tombeaux (au champ du polygone actuel, près de la route de Thuận-kiều) et ensevelis dans une même fosse recouverte d'un tumulus élevé appelé *mả biền tru* (tombeau des gens cruellement tués, butte de la terreur) et vulgairement *mả ngụy* (tombeau des rebelles).

Après la prise de Saigon, Minh-mạng fit détruire la citadelle élevée par M. Ollivier, sous Gia-long, trop grande et demandant trop de troupes pour être bien défendue. On la remplaça par un ouvrage de moindre étendue, qui fut pris par les Français en 1859 et sur l'emplacement duquel s'élèvent aujourd'hui les nouvelles casernes de l'infanterie de marine.

Revenons aux murs de l'ancienne citadelle de Saigon et descendons tout d'abord dans son glacis antérieur, c'est-à-dire toute la partie basse, depuis la rue d'Espagne jusqu'aux bords de la rivière de Saigon. Cette zône qui constituait une des parties de l'ancienne ville commerciale annamite, parsemée de maisons et de boutiques et sillonnée de petites ruelles assez mal entretenues était comprise dans le territoire de quatre villages, de l'embouchure de l'arroyo de l'Avalanche jusqu'à celui de l'arroyo Chinois (Bến-nghé) : *Hoà-mĩ* (constructions navales) *Tân-khai, Long-điền* et *Trường-hoà,* dont la limite se trouve à la rue Mac-Mahon.

La partie supérieure faisait partie du village de Mĩ-hội dont le territoire comprenait la citadelle. A cette époque le maire de ce village était un des plus grands maires de la ville. Il avait droit de porter le bonnet en forme de citrouille *(trái-bí)* et les pouvoirs administratifs d'un chef de canton.

Le village avait-il à construire un *đình*, une pagode ou une maison commune, le roi envoyait par un délégué, sur un plateau doré, cinq ligatures et des cadeaux pour inaugurer la couverture de ces bâtiments.

Le quartier appelé *Hàng-đinh* (des clous) se trouvait à la partie supérieure de la rue Catinat, du côté de l'hôtel Laval jusqu'à l'hôtel du Directeur de l'intérieur. A la mairie actuelle de Saigon, il y avait un canal qui traversait un aqueduc appelé *Cống-cầu-dầu* (aqueduc du pont de l'huile).

Le rivage de Saigon était couvert de maisons sur pilotis. Au bas de la rue Catinat, au débarcadère actuel du bac de Thủ-thiêm, il y avait le *Thủy-các* (kiosque du roi sur l'eau), le *lương-tạ*, maison de bains royaux construite sur des radeaux de bambous flottants.

On appellait cet endroit Bến-ngự (Compong-luông en cambodgien), débarcadère du roi.

Depuis l'embouchure de l'Avalanche jusqu'au point de la rue de la Citadelle se trouvaient les chantiers de construction de bateaux (xưởng), et la flotte (Thủy) mouillait en face.

Un appontement qui s'avançait dans la rivière s'appellait *Cầu-gọ* ou Cầu-quan. Avant d'arriver à l'artillerie un arroyo appelé *Kinh-cây-cám* remontait jusqu'à la rue d'Espagne et s'en allait finir au génie en traversant l'artillerie.

Le canal du marché de Saigon était le *Kinh-chợ-vải;* il remontait jusqu'au puits de ce nom, en face de la maison de M. Brun, le sellier.

Entre la maison Wangtaï et la direction du port de commerce un autre arroyo, appelé *Rạch-cầu-sấu* (arroyo du pont des crocodiles) serpentait et arrivait jusqu'à la partie supérieure du canal *Chợ-vải,* c'est le canal Coffine, ainsi appelé d'après le colonel de ce nom qui, après avoir refait en terre le mur de la citadelle, fit creuser un canal pour relier les deux bouts des anciens canaux.

Ce canal a été comblé plus tard, et sur son emplacement est aujourd'hui construit le grand boulevard qui passe devant la mairie depuis la rue de l'Hôpital jusqu'à la rue Mac-Mahon.

L'arroyo de *Rạch-cầu-sấu* était appelé ainsi parce qu'il était autrefois un réservoir de crocodiles, qu'on vendait comme viande de boucherie.

La direction du port de commerce actuel se trouve au point où l'on avait fait un fort et une résidence pour les envoyés de Huê, et où vinrent se réfugier Duệ-tông, Mục-vương et Gia-long.

En face de Saigon, sur la rive opposée, qu'y avait-il? Du temps de Gia-long c'était le *Xóm-tàu-ô* (hameau des jonques noires); cet endroit était affecté à la demeure des pirates chinois dont les petites jonques de mer étaient peintes en noir. Comme ils avaient offert leurs services à Gia-long, le roi les accueillit, et les installa chez lui sous le nom de *Tuần hải đô dinh,* en les plaçant sous les ordres du *Tướng-quân Xiên* leur chef de bande. Ils étaient chargés d'aller exercer la surveillance sur les côtes. Ceux qui restaient étaient employés au calfatage des bateaux de la flotte du roi.

Promenons-nous un instant maintenant sur la route basse de Chợ-lớn, jusqu'au delà de Chợ-lớn.

L'arroyo Chinois, nommé autrefois *rạch Bến-nghé,* a reçu son nom actuel des Français qui, remarquant que cet arroyo conduisait à la ville de *Chợ-lớn*, dont les habitants les plus nombreux étaient des Chinois commerçants, et servait à transporter les marchandises de ces mêmes commerçants à bord de leurs jonques mouillées à *Xóm-chiếu* (entre le fort du Sud et les Messageries maritimes), lui donnèrent naturellement le nom *d'Arroyo-Chinois.*

Le nom de *Bến-nghé,* d'après le *Gia-định-thông-chí,* vient de ce qu'autrefois dans cet arroyo des buffles et surtout de jeunes buffletons *(nghé)* se baignaient.

Sur les deux rives de cet arroyo encombré de bateaux de toutes sortes, des maisons sur pilotis constituaient, pour ainsi dire, deux remparts épais et rendaient le passage de l'arroyo un peu étroit.

Le marché le plus considérable, et dont le commerce était le plus actif, se trouvait depuis le mât de signaux jusqu'à la rue Mac-Mahon, dont le parcours jusqu'à la prison était habité par des devins et des tourneurs *(dãy thầy-bói* et *đường thợ tiện).* Les maisons de ce bazar étaient les mieux bâties, toutes en bon bois et couvertes en tuiles.

De là jusqu'au marché de *Cầu-ông-lãnh* était le territoire du village de Long-hưng-thôn, couvert de maisons sur la rive et au delà de la route. Sur la rue Boresse actuelle il y avait un méchant chemin sur les bords duquel étaient bâties les cases des esclaves laociens affranchis; ils fabriquaient des seaux à porter l'eau avec des feuilles de palmiers d'eau.

Sur l'arroyo qui va à l'abattoir (rạch Cầu-ông-lãnh) était jeté un pont en bois fait par un *lãnh-binh* qui demeurait près de là.

Le pont a donné son nom à tout le quartier (Cầu-ông-lãnh ou pont de Monsieur le Général).

Plus loin on trouve le pont appelé *Cầu-muối* (pont du sel), parce qu'à cette époque les petits bateaux de mer (ghe cửa) venaient là vendre du sel. On y a trouvé encore, assez longtemps après la prise de Saigon, des meules couvertes de feuilles. C'était le grand dépôt de sel. En avançant nous trouvons le pont du nom de *Cầu-kho* et un peu plus loin devant nous, celui de *Bà-tiệm*. Cet espace a reçu le nom de *Cầu-kho* (pont des Magasins), *Chợ-kho* (marché des Magasins), à cause de la présence de magasins *(Kho cẩm thảo)* que Gia-long y avait fait construire pour recevoir les impôts en nature provenant de l'intérieur de la Cochinchine. Ce village portait le nom de *Tân-triêm-phường*.

Du pont de *Bà-tiệm* jusqu'à celui de *Bà-đô* on trouvait les villages de *Hoà-thạnh* et *Tân-thạnh,* appelés vulgairement *Xóm-lá* (faubourg des paillottes) et *Xóm-cốm* (côm bắp, côm chùi, gâteaux de maïs); sur la rive opposée on vendait aussi des feuilles cousues, et ce commerce lui faisait donner également le nom de *Xóm-lá*.

Entre le pont de *Bà-đô* et celui de *Cầu-hộc* était le village de Bình-yên. Là des propriétaires occupaient des lots de terrain et faisaient le commerce d'échange avec des jonques venant du Nord.

Le *Cầu-hộc* tire son nom d'un puits dont les parois étaient en bois et formaient un cadre régulier (giếng-hộc), c'est sur une des rives de cet arroyo de *Cầu-hộc* qu'on trouve aujourd'hui, encore un puits qui fournit une eau claire et potable et bonne surtout à faire du thé.

De cet arroyo à la buse placée près de l'hôpital de Chợ-quán (Lò rèn thợ Vấp), était le territoire du village de Tân-kiểng.

L'hôpital de Chợ-quán se trouve dans le territoire de Phú-hội-thôn. Il y avait là des fours à chaux. Au delà de l'hôpital on trouve un pont qui marque le commencement du village de *Đức-lập* et puis *Tân-châu* vulgairement *Xóm-câu,* quartiers de pêcheurs.

Un peu plus loin est le village de *An-bình-thôn,* vulgairement appelé *Xóm-dầu* (Phụng-du) jusqu'à l'arroyo de Rạch-xóm-dầu. On en faisait le dépôt d'huile, surtout de l'huile d'arachides. De l'arroyo où se trouvent aujourd'hui les dragues jusqu'au pont de l'usine à décortiquer était le village de *An-bình,* dont une partie se trouvait de l'autre côté de l'arroyo Chinois, aujourd'hui village de An-hòa, où l'on voit la pagode de l'association des bateaux de passage (Vạn-đò).

L'arroyo sur lequel on trouve un beau pont avant d'arriver à l'usine, avait reçu le nom de *Rạch-bà-tịnh* qu'il conserve encore à présent. Il pénètre dans l'intérieur jusqu'au grand tamarinier de la route haute.

Un peu plus loin, on trouve le puits dit puits d'Adran qui se trouvait autrefois sur la rive, mais l'action de l'eau du *Vịnh-bà-thuông* l'a détaché du rivage, de sorte qu'il est bien avant dans l'arroyo. Sur cette rive étaient établis les décortiqueurs de riz.

De là le village de An-điền s'étendait jusqu'au pont de fer appelé autrefois *Cầu-kinh.* Ce quartier était connu sous l'appellation vulgaire de Xóm-chỉ (quartier du fil). C'était là qu'était autrefois l'arroyo qui faisait communiquer le *Bến-nghé* avec le *Ngã-tư,* en passant par *Lò-gốm.* Le canal Bà-thuông, celui qui va aujourd'hui de Chợ-lớn au *Ngã-tư,* a été creusé par le vice-roi Lê-văn-duyệt, le grand eunuque.

De l'autre côté de l'arroyo *Bến-nghé,* parallèlement à la rive que nous venons de parcourir, était le territoire des villages de Khánh-hội, Tân-vĩnh, Vĩnh-khánh (des Messageries maritimes jusqu'au Rạch-ông-lớn), et aussi de Bình-xuyên, Tứ-xuân (terminé par le *Rạch-ong-bé* vulgairement Xóm-te), An-thành (aujourd'hui Tuy-thành), Bình-hoà (Thạnh-bình vulgairement *Xóm-rớ),* An-hoà-đông et Hưng-phú (Xóm-than). Une rangée de maisons, dont la plupart en paillottes et sur pilotis, bordait cette rive jusqu'à Chợ-lớn. Les deux rives de l'arroyo étaient remplies de bateaux venant des différentes provinces. Le milieu était continuellement sillonné par des *ghe-lườn* (petits bateaux) qui allaient vendre des gâteaux, des mets et des provisions de toutes sortes, et subissait un va-et-vient considérable de barques profitant de la marée. Il était en un mot traversé comme le fil d'un métier par une navette.

Suivons maintenant la route haute de Saigon à Chợ-lớn. L'Administration française a conservé à cette fameuse route son ancienne direction, en élargissant et en empierrant la chaussée. M. Ollivier, qui était chargé de la construction de la citadelle, l'avait tracée pour mettre Chợ-lớn en communication directe avec Saigon.

On distribua aux parents trois ligatures et une pièce d'étoffe de coton pour chaque tombeau qui devait être enlevé de là. La route était plantée des deux côtés d'une rangée de manguiers et de jacquiers alternés.

Le coin droit de l'ancienne citadelle (ancien palais de justice) renfermait le magasin à soufre (trường-diêm); sur l'emplacement du nouveau palais de justice, on trouvait alors le *Xóm-vườn-mít* ou *Xóm-bột-vườn-mít*. Il paraît qu'il y avait à cet endroit une plantation de jacquiers, et que les habitants faisaient et vendaient de la farine.

Sur l'emplacement de la prison et du nouveau palais de justice, il existait un marché du nom de *Chợ-da-còm* (marché du banian courbé). Il existait en effet là un banian énorme dont le tronc était courbé. Outre les denrées qu'on y vendait, une rangée de boutiques y avaient leurs étalages de tambours, parasols, selles, bonnets de bacheliers, etc.

Après ce marché, toujours à droite, se trouvait l'ancien marché de Chợ-đũi (marché de la soierie grossière), où l'on s'occupait du commerce de ce genre de soie grège. Un peu plus loin, avant d'arriver à la route de Thuận-kiều, était *Xóm-đệm-buồm*, quartier des nattes à voiles. Aujourd'hui le nom de *Chợ-đũi* s'applique à toute la partie supérieure de la rue Boresse jusqu'au delà du chemin de fer.

A partir de la route de Thuận-kiều jusqu'au haras, on voyait le marché *Điều-khiển* et celui de *Cây da thằng-mọi.*

Il y a des gens qui disent que ces deux noms s'appliquaient au même marché; *Cây da thằng-mọi* veut dire le *banian aux esclaves*. *Điều-khiển* est le titre d'*intendant militaire*. Le marché avait été construit et inauguré par un *intendant*. De là son nom.

Mais pourquoi cette appellation : *Banian aux esclaves?* Elle provenait de la marchandise qu'on étalait à ce marché. On y vendait une espèce de chandeliers en terre cuite, ayant la forme d'un esclave noir (laocien), qui porte sur sa tête un lampion dans lequel on met une mèche nageant dans de l'huile d'arachide ou de coco.

Ce marché, qui s'étendait depuis le devant de la maison Blancsubé jusqu'au chemin de fer, était rempli de maisons et de boutiques.

Avant d'arriver au haras, la plaine des tombeaux déverse son eau dans l'arroyo qui passe derrière la maison Blancsubé, de sorte que cette partie de la route était dans un état constant d'humidité. On lui donnait le nom de Nước-nhĩ, eau s'égouttant.

Au haras on voyait la pagode de Kim-chương, construite sous Gia-long, sur l'emplacement d'une ancienne pagode cambodgienne. Elle devint célèbre par suite de deux événements lugubres sur lesquels existe un voile que l'histoire n'a jusqu'ici qu'incomplètement soulevé :

Le roi Duệ-tông, oncle de Gia-long, et le prince Mục-vương, qui étaient tombés aux mains des Tây-sơn, le premier à Bassac (Cà-mau) en 1776, le second à Ba-vác (anciennement province de Vĩnh-long, aujourd'hui dans l'arrondissement de Bến-tre, au nord-est de Mỏ-cày), peu après Duệ-tông, furent, dit-on, exécutés dans cette pagode en 1776.

Là où se trouvent aujourd'hui les tirailleurs annamites, était le panthéon (*Hiền-trung-tự*, pagode des fidèles glorifiés, vulgairement *Miễu-công-thần*, pagodes des serviteurs qui ont bien mérité de la patrie). Construite par ordre de Gia-long, elle était dédiée à la mémoire de ses vieux serviteurs auxquels le gouvernement, à des époques fixes, faisait solennellement des offrandes et des sacrifices.

On y mettait des tablettes d'inscription de chacun des hommes de mérite qui s'étaient illustrés au service de l'État. Celles des Français morts au service de Gia-long, s'y trouvaient aussi.

Une autre pagode, aujourd'hui occupée par les officiers des tirailleurs indigènes, située devant le mur d'enceinte et flanquée de deux mares plantées de nénuphars qui embaumaient la route royale, a été construite également du temps de Gia-long elle portait les noms de *Miếu-hội-đồng* ou *Miếu-thính.*

Devant ces deux pagodes, sur le bord de la route aux deux extrémités de leur limite, se dressaient deux colonnes en briques ou en pierres bien maçonnées. Sur ces colonnes étaient inscrits les mots : *Khuinh-cái, hạ-mã* (ôtez le chapeau, descendez de cheval).

Au bout du sentier qui longe la ferme des Mares, jusqu'à la route stratégique, se trouvait une pagode du nom de *Chùa-ông-phúc* ou *Chùa-phật-lớn,* aujourd'hui démolie.

Après la buse, qui communique avec la source du *Rạch cầu Bà-đô* l'on remarque les tombeaux de deux princes, *Hoàng-thùy, Hoàng-trớt,* fils dit-on, de *Nguyễn-văn-nhạc;* à ce point existait autrefois un marché appelé *Chợ-mai* (marché du matin).

En face de l'avenue de l'église de Chợ-quán, dans la plaine, se dressait la pagode de Kim-tiên, sur les fondations de laquelle on en a construit une autre du nom de *Nhơn-sơn-tự.*

Vis-à-vis de l'avenue de l'Hôpital, on trouvait la pagode de Gia-điền qui n'existe plus aujourd'hui.

De là à Chợ-lớn on trouve tout d'abord le *Xóm-bột,* village où l'on faisait et vendait de la farine, sur les deux bords de la route. Après ce hameau, on arrive au marché de *Chợ-hôm* (marché où l'on se rassemblait le soir).

Derrière ce marché on trouve encore la pagode de Trần-tướng, un des officiers de Gia-long tué par les Tây-sơn. Gia-long y érigea une pagode en son honneur.

Sur un petit arroyo (où sont les pagodes du cimetière chinois) il y avait un petit pont appelé *Cầu-linh-yển.* D'après la tradition, un soldat du nom de *Yển,* portait sur ses épaules Gia-long fuyant devant les Tây-sơn qui le poursuivaient. Arrivé à ce pont, il fut remplacé par un autre soldat. Fatigué, il s'attarda à se reposer ; les Tây-sơn arrivèrent et le mirent à mort. Gia-long fit construire en cet endroit une pagode consacrée à sa mémoire. Le village s'appelait Tân-thuận ou Hàm-luông.

Le grand tamarinier avait sous son ombrage des *quán* (auberges) appelées *Quán-bánh-nghệ*. De là à la rue des Marins l'agglomération de maisons constituait le *Xóm-cốm* et le *Xóm-chỉ*.

Promenons-nous maintenant dans l'ancien Chợ-lớn, puis nous reviendrons à Saigon en parcourant les lieux adjacents au côté droit de la route haute.

Le Chợ-lớn (grand marché) proprement dit se trouvait à l'emplacement du *Chợ-rẫy* d'aujourd'hui.

La partie comprise entre la rue des Marins jusqu'à l'arroyo de Chợ-lớn, était habitée par des *Minh-hương,* métis chinois habillés à l'annamite et constitués en village privilégié.

L'arroyo de Chợ-lớn était bordé de grands magasins bâtis en briques, appelés *Tàu-khậu* et loués aux Chinois qui venaient de Chine une fois par an sur des jonques de mer. Ils apportaient leurs marchandises dans ces magasins où ils les vendaient soit en gros, soit en détail pendant leur séjour à Saigon.

Le pont qui conduit au grand marché actuel s'appelait *Cầu-đường* (pont du sucre); on y vendait du sucre candi, en tablettes, en pots, etc.

Le bord du canal qui passe devant la maison du đốc phủ de Chợ-lớn formait la rue de *Phố-xếp,* et le pont sur la route de *Cây-mai* avait nom *Cầu-phố*.

L'angle formé par les canaux, depuis le marché jusqu'au pont de fer, avait pour village *Quới-đước,* et pour marché *Chợ-kinh.*

L'arroyo de Chợ-lớn depuis le pont du marché *(Cầu-đường),* jusqu'à celui de *Cầu-khâm-sai* et au *Lò-gốm*, était bordé de maisons d'espace en espace.

Le marché de Lò-rèn, à la place de l'église actuelle de Chợ-lớn, était habité par des forgerons et des fabricants de fil de fer (Quân-mậu-tài).

En allant à Cây-mai, on rencontre le pont qui s'appellait *Cầu-ông-tiều.*

Le pagode de *Cây-mai,* était autrefois une pagode cambodgienne, entourée de tous côtés de mares, dans lesquelles on faisait des régates en l'honneur du Bouddha. Cette pagode avait été restaurée par les Annamites. Sous Minh-mạng, Nguyễn-tri-phương, venu en Cochinchine avec Phan-thanh-giản, la dota d'un kiosque à étage.

Le nom de la pagode ainsi que de la colline vient de l'arbre *mai,* dont les fleurs blanches sont très estimées des Chinois et des Annamites.

L'inspection actuelle de Chợ-lớn était autrefois la résidence du huyện de Tân-long.

Revenons sur nos pas, nous voilà à Chợ-quán.

Le nom de Chợ-quán, appliqué aux villages de Tân-kiểng, Nhơn-giang, Bình-yên, était celui du marché qui ce trouvait sous les grands tamariniers de l'avenue de l'hôpital de Chợ-quán. Il y avait beaucoup d'auberges, de là le nom *Chợ* (marché), *quán* (auberge).

Entre l'avenue de l'hôpital et la ferme des Mares était le village des fondeurs, Nhơn-ngãi (aujourd'hui Nhơn-giang). On y remarque les vestiges d'un ancien village cambodgien. Une grande pagode cambodgienne avec des tours en briques se trouvait sur une propriété. En y creusant on trouve des briques cambodgiennes, des nénuphars en terre cuite, de petits Bouddhas en bronze, en pierre. Il y reste encore deux blocs de granit bien polis et ornés de sculptures en relief.

De Chợ-quán (Nhơn-giang) jusqu'à la route qui descend à *Cầu-kho,* ce bord était habité et parsemé de maisons entourées de jardins.

Le haut de la route de *Cầu-kho* jusqu'à la maison Blancsubé était aussi occupé par des propriétaires. Du temps de Gia-long cette partie était peuplée misérablement par des mendiants qui, voyant arriver les troupes des Tây-sơn à la poursuite du roi Gia-long, s'attroupèrent et battirent du tam-tam avec un vacarme épouvantable.

La marche des Tây-sơn s'arrêta : ils se figurèrent qu'ils rencontraient des obstacles sérieux à franchir. Gia-long fit construire des maisons pour loger ces mendiants en récompense du service qu'ils lui avaient rendu dans cette circonstance.

Ce hameau portait le nom de *Tân-lộc-phường.*

Le pont jeté sur l'arroyo, derrière la maison Blancsubé, s'appelait *Cầu-gạo* (pont au riz); on y vendait du riz. Autrefois, les Cambodgiens cultivaient à cet endroit des rizières et y fabriquaient des nattes.

En face de la maison Spooner, on vendait des feuilles blanches, *lá-buôn,* et une agglomération de cases constituait le *Xóm-lá-buôn.*

A partir de là jusqu'à la prison, on voyait sur le bord de la route, les maisons de campagne des mandarins et des fonctionnaires. Le haut de la rue Boresse était *Cầu-quan* (pont des mandarins).

Remontons la rue Mac-Mahon jusqu'à la rue des Moïs; le nouveau palais de justice, le palais du Gouvernement, le collège Chasseloup-Laubat que nous voyons à notre gauche sont en dehors de l'ancienne citadelle. On voyait là, du temps du grand eunuque, la résidence de sa femme *(dinh-bà-lớn),* la maison de plaisance du vice-roi *(nhà-hoa),* le théâtre *(nhà-hát)* et le tir (trường-ná).

A côté de la maison de M. de Lanneau, on voit encore deux filaos; c'est là qu'était le *Nền-xã-tắc,* cône destiné au sacrifice à la terre. Le parc de la ville constituait le *Xóm-lụa* (on y blanchissait la soie, on l'y confectionnait et on la vendait.

Sur la route stratégique, jusqu'à la hauteur du haras, on remarquait les *Xóm-thuẩn, Xóm-chậu* et *Xóm-củ-cải* (hameaux des potiers, des cultivateurs de raves et de navets).

Tournons à droite et suivons la rue des Moïs jusqu'au deuxième pont de l'Avalanche, nous remarquons à notre droite, en face de chez M. Potteaux, l'ancienne prison de Saigon, et plus loin, l'ancien parc aux éléphants, et le marché du nom de *Chợ-vông* entre le cimetière et le deuxième pont.

Le troisième pont, *Cầu-xóm-kiệu* (aujourd'hui *Tân-định),* jusqu'au marché de *Chợ-xã-tài,* était autrefois un grand village, où l'on comptait 72 pagodes.

Descendons maintenant du deuxième pont à l'embouchure de l'arroyo de l'Avalanche.

Le deuxième pont portait autrefois le nom de *Cầu-Cao-mên* (pont cambodgien); on lui donna ensuite celui de *Cầu-hoa.*

Le mot *Hoa* ayant été interdit par respect pour le nom propre d'un des princes du sang, on le changea en celui de *Cầu-bông*.

L'arroyo appelé *Tắt-cầu-sơn* était traversé par deux ponts, le premier appelé *Cầu-sơn* (pont du vernis) et le deuxième *Cầu-lầu* (pont élevé et couvert). Quant au nom de *Thị-nghè,* ou *Bà-nghè* donné au premier pont, ainsi qu'à l'arroyo de l'Avalanche, voici qu'elle en fut l'origine.

La fille de *Vân-trường-hầu,* mariée à un lettré employé dans l'administration provinciale et ayant le titre de *Ông-nghè* (bachelier ou licencié), pour faciliter le passage de l'arroyo à son mari qui allait tous les jours aux bureaux, avait fait construire un pont, qui fut baptisé de son nom, ou plutôt de son titre : *Thị-nghè* ou *Bà-nghè,* madame la bachelière. L'arroyo reçut le même nom.

En face de l'hôpital des sœurs de la Sainte-Enfance, à *Thị-nghè,* se trouvait une parcelle de rizière réservée spécialement à la cérémonie appelée *Tịch-điền* (hạ canh). A côté, était un cône destiné au sacrifice de *Thần-nông,* l'empereur Thần-nông, inventeur des instruments aratoires et esprit présidant à l'agriculture.

Entre ce point et la rive de la rivière de Saigon, au-dessus de l'Avalanche, s'élevait la grande pagode consacrée au culte du saint homme (Confucius).

Cette visite de l'ancien Saigon et de ses environs comparés à l'état actuel, en nous montrant la rapidité des transformations physiques que cette ville a successivement subies, est de nature à faire méditer sur l'instabilité des choses humaines.

Grâce à l'activité des Français, ce pays presque ignoré au siècle dernier, organisé en villages, devenu ensuite le séjour des rois, puis capitale provisoire, aujourd'hui assaini et embelli, est devenu la capitale des six provinces et l'une des plus belles villes de l'Extrême-Orient.

NOTE

Il n'est pas sans intérêt de dépeindre en passant le caractère de Lê-văn-duyệt si adroit comme ministre, si énergique comme général, si habile et sévère comme administrateur.

En 1799, ce fut grâce à l'obstination et à la détermination énergique et froide de ce maréchal de l'aile gauche que la fameuse victoire, chèrement achetée toutefois, fut obtenue au port de Thị-nại (Qui-nhơn).

Le premier édit d'interdiction contre la religion catholique et les Européens en général, ordonnant de démolir les églises, fut lancé en 1828 par Minh-mạng.

Le vice-roi assistait à un combat de coqs quand le décret de persécution lui parvint. « Comment, s'écria-t-il, nous persécuterions les coreligionnaires de l'évêque d'Adran et de ces Français dont nous mâchons encore le riz entre nos dents? Non, ajouta-t-il, déchirant dans un mouvement d'indignation l'édit royal, tant que je vivrai on ne fera pas cela, que le roi fasse ce qu'il voudra après ma mort. »

Il fut sévère dans l'administration de la Basse-Cochinchine. Aussi fut-il la terreur des Cambodgiens et des Cochinchinois. Son pouvoir de condamner à mort et d'exécuter la sentence capitale, avant d'en adresser le rapport au roi et au ministre de la justice, fut le puissant maintien de la paix pendant tout son règne.

Un jour, en allant à Chợ-lớn, il trouva du côté de la route de Cầu-kho un enfant âgé de quatre ou cinq ans se révoltant contre ses père et mère et les maudissant. Il avait voulu s'arrêter pour le faire saisir, mais changeant d'avis, il continua sa course. Le soir, en revenant, il l'entendit encore proférer pendant le repas, contre ses parents, des injures et des malédictions. Il s'arrêta et demanda aux parents la permission de l'enlever. Il ordonna de le faire manger de nouveau avec une paire de bâtonnets dont les bouts étaient renversés exprès par un ordre secret.

L'enfant les retourna dans leur sens naturel et se mit à manger. Le gouverneur le fit saisir et décapiter sur le champ, disant que cet enfant avait assez d'intelligence pour comprendre l'énormité du crime qu'il commettait.

Une autre fois, sortant dans la ville, le vice-roi vit un voleur qui avait enlevé un rouleau de papier à cigarettes, se sauver au pas de course. Il le fit arrêter et décapiter sur place sans autre forme de jugement.

Il avait cru devoir inaugurer son gouvernement de la Cochinchine par une sévérité et une rigueur excessive dans l'application des lois contre les crimes.

Le premier exemple qu'il donna de ses dispositions impitoyables fut l'exécution d'un de ses scribes (thơ-lại). Celui-ci sortant du bureau rencontra à la porte de la citadelle une marchande de potages ou de sucreries. Voulant s'amuser en galant, il mit la main sur la boîte à bétel que la marchande avait placée sur le couvercle de son panier. Celle-ci cria au voleur. Le scribe, pris sur le fait, fut décapité sur le champ par ordre de Lê-văn-duyệt et sans autre forme de procès. Bientôt le bruit de ce jugement sommaire porta la terreur dans toute la Cochinchine.

Pour se faire respecter et craindre des Cambodgiens, il se rendit à Oudong en qualité d'envoyé extraordinaire et plénipotentiaire. Assis sur une estrade élevée à côté du roi, il mangeait du sucre candi (đường-phèn), et buvait du thé. Les Cambodgiens qui entendaient craquer sous ses dents les morceaux de sucre qu'il mâchait, demandèrent aux officiers annamites présents à cette réception ce que le *tướng trời* (général céleste) mangeait. Ces derniers répondirent que c'étaient des pierres et des cailloux qu'il avalait.

Le Cambodge se trouvant sous le protectorat de l'Annam, le roi de ce pays était obligé de venir tous les ans au *tết* (renouvellement de l'an), à Saigon faire ses hommages à l'empereur d'Annam dans la pagode royale, en même temps que le vice-roi gouverneur général. Le Roi accompagné du chargé du protectorat arriva la veille du premier de l'an; mais au lieu de se rendre à Saigon il passa la nuit à Cholon. Vers la 5e veille du matin le gouverneur procéda, au son de la musique, à la cérémonie sans attendre le Roi. Celui-ci arriva quand la cérémonie était accomplie; il fut condamné sans pitié à une amende de 3,000 francs qu'il fut contraint de payer avant de rentrer au Cambodge.

Il aimait passionnément les combats de coqs, la comédie et le théâtre. Il entretenait lui-même les acteurs et avait son théâtre particulier. Les bâtiments affectés à tous ces divertissements se trouvaient en dehors du mur de l'ancienne citadelle, sur les terrains qu'occupent aujourd'hui le palais du Gouvernement et le collège Chasseloup-Laubat.

Les Annamites disent que ce grand tă-quan avait quelque chose de majestueux dans toute sa personne et surtout dans le regard.

On raconte que les tigres, qu'il élevait pour le combat, avaient peur de lui et obéissaient à sa voix. Les éléphants les plus indomptables ne craignaient à l'époque du rut que le gouverneur lui-même. Le plus gros et le plus méchant appelé *Voi-vinh*, était alors sujet à des accès de rage pendant lesquels il ravageait tout, accrochant et renversant tout ce qui se trouvait sur son passage. Le vice-roi, aussitôt prévenu, montait dans son palanquin découvert, arrivé droit devant cet immense animal, il l'appelait par son nom et lui ordonnait de rentrer dans le calme. L'animal, comme s'il le comprenait, se radoucissait immédiatement.

Dans la plaine des tombeaux, je ne vous citerai que quelques tombeaux renommés, monumentaux et historiques.

Tout le monde connaît celui qui se trouve à côté de la voie du tramway auprès de la maison Vandelet. Ce tombeau a été construit par les soins de Minh-mạng en l'honneur de son beau-père Huình-công-lý, qui fut décapité par ordre du vice-roi Lê-văn-duyệt. Huình-công-lý était *quan-trấn* (gouverneur) de la province de Gia-định (Sai-gon). Pendant un voyage du vice-roi à Huê il avait eu des relations avec les femmes de ce dernier. Revenu de la capitale, le vice-roi informé de l'indélicatesse de son subordonné, le fit exécuter sans prétexte sérieux et sans aucun égard pour Minh-mạng.

Le grand tombeau qu'on remarque à côté de celui de l'évêque d'Adran, est celui de Tả-dinh, frère du vice-roi Lê-văn-duyệt, qui mourut avant ce dernier.

www.ingramcontent.com/pod-product-compliance
Ingram Content Group UK Ltd.
Pitfield, Milton Keynes, MK11 3LW, UK
UKHW022149190726
13855UKWH00004B/1404